Appartient à
Guillaume Chymet
Droup 1889

AVIS AV LECTEVR.

MON CHER LECTEVR,

Voicy vne seconde edition des Reflexions Morales que vous trou-uerez sans doute plus correcte & plus exacte en toutes façons que n'a esté la premiere. Ainsi vous pouuez maintenant en faire tel iugement que vous voudrez sans que ie me mette en peine de tascher à vous preuenir en leur faueur, puisque s'elles sont telles que ie le croy, on ne pourroit leur faire plus de tort que de se persuader qu'elles eussent besoin d'apologie. Ie me contenteray de vous auertir de deux choses: L'vne, que par le mot d'Interest, onn'en-tend pas tousiours vn interest de

REFLEXIONS

OV

SENTENCES

ET

MAXIMES

MORALES.

Nouvelle Edition.

A PARIS,

Chez CLAVDE BARBIN, vis à vis
le Portail de la Sainte Chapelle,
au signe de la Croix.

M. DC. LXVI.

AVEC PRIVILEGE DV ROY.

L'Amour de la Verité

REFLEXIONS MORALES.

bien ; mais le plus souuent vn interest d'honneur ou de gloire : Et l'autre, qui est la principale & comme
le fondement de toutes ces Reflexions,
est que celuy qui les a faites n'a
consideré les hommes que dans cét
estat déplorable de la nature cor-
rompuë par le peché ; & qu'ainsi
la maniere dont il parle de ce nombre infiny de deffauts qui se rencon-
trent dans leurs vertus apparentes,
ne regarde point ceux que Dieu en
preserue par vne grace particuliere.

    Pour ce qui est de l'ordre de ces
Reflexions, vous n'aurez pas peine à
iuger, mon cher Lecteur, que comme
elles sont toutes sur des matieres differentes, il estoit difficile d'y en
obseruer. Et bien qu'il y en ait
plusieurs sur vn mesme suiet, on n'a
pas creu les deuoir mettre de suite,
de crainte d'annuyer le Lecteur :
mais on les trouuera dans la table.

EXTRAIT DV PRIVILEGE du Roy.

PAr Grace & Priuilege du Roy, donné à Paris le 14. iour de Ianvier 1664. Signé par le Roy en son Conseil BERTHAVLT, il est permis à Claude Barbin, Marchand Libraire de nostre bonne Ville de Paris, d'imprimer ou faire imprimer vn Liure intitulé *Reflexions ou Sentences & Maximes Morales*, en tels volumes ou caracteres que bon luy semblera, durant le temps & espace de sept années ; à compter du iour qu'il sera acheué d'imprimer : Et cependant deffences sont faites à tous Imprimeurs, Libraires, & autres personnes, d'imprimer ou contrefaire ledit Liure à peine de trois mil liures d'amende, confiscation des Exemplaires contrefaits, & de tous dépens, dommages & interests, ainsi qu'il est plus au long mentionné esdites Lettres.

Regiſtré ſur le Liure de la Commu-
nauté des Marchands Libraires &
Imprimeurs de cette Ville de Paris, le
17. iour de Ianuier 1664. ſuiuant
l'Arreſt de la Cour de Parlement,
E. MARTIN, Syndic.

Acheué d'iprimer le 1: Septembre
1666.

Les Exemplaires ont eſté fournis.

*Iaque Auguste
de St Bernard
Rohault*

REFLEXIONS
MORALES.

I.

CE que nous prenons pour des Vertus n'est souuent qu'vn assemblage de diuerses actions que la fortune arrange comme il luy plaist.

2.

L'Amour propre est le plus grand de tous les flatteurs.

A

3.

Quelque découuerte que l'on ait faite dans le pays de l'Amour propre, il y reste bien encore des terres inconnuës.

4.

L'Amour propre est plus habile que le plus habile homme du monde.

5.

La durée de nos Passions ne dépend pas plus de nous que la durée de nostre vie.

6.

La Passion fait souuent vn fol

du plus habille homme : & rend
souuent les plus sots habiles.

7.

Ces grandes & éclatantes
Actions qui ébloüissent les yeux
sont representées par les politi-
ques comme les effets des grands
desseins ; au lieu que ce sont
d'ordinaire les effets de l'humeur & des Passions. Ainsi la
guerre d'Auguste & d'Antoine
qu'on raporte à l'ambition qu'ils
auoient de se rendre maistres
du monde , n'estoit peut-estre
qu'vn effet de jalousie.

8.

Les Passions sont les seuls
orateurs qui persuadent toûjours. Elles sont comme vn art

4 **REFLEXIONS,**
de la nature dont les regles font
infaillibles : & l'homme le plus
fimple qui a de la paffion perfuade mieux que le plus éloquent
qui n'en a point.

9.

Les Paffions ont vne injuftice
& vn propre intereft qui fait
qu'il eft dangereux de les fuiure,
& qu'on s'en doit deffier lors
mefme qu'elles paroiffent les
plus raifonnables.

10.

Il y a dans le cœur humain
vne generation perpetuelle de
Paffions, en forte que la ruine de
l'vne eft prefque toûjours l'efta-
bliffement d'vne autre.

11.

Les Paſſions en engendrent
ſouuent qui leur ſont contraires.
L'auarice produit quelquefois la
prodigalité , & la prodigalité
l'auarice : on eſt ſouuent ferme
par foibleſſe , & audacieux par
timidité.

12.

Quelque ſoin que l'on prenne
de couurir ſes Paſſions par des
apparences de pieté & d'honneur , elles paroiſſent toûjours
au trauers de ces voiles.

13.

Noſtre Amour propre ſouf-
fre plus impatiemment la con-

damnation de nos gousts que de nos opinions.

14.

Les hommes ne sont pas seulement sujets à perdre le souuenir des bien-faits & des injures: ils hayssent mesme ceux qui les ont oblignez, & cessent de hayr ceux qui leur ont fait des outrages. L'application à recompenser le bien, & à se venger du mal leur paroist vne seruitude à laquelle ils ont peine de se soumettre.

15.

La Clemence des Princes n'est souuent qu'vne politique pour gagner l'affection des peuples.

16.

Cette Clemence dont on fait vne vertu se pratique tantost par vanité ; quelquefois par pareffe ; fouuent par crainte , & presque toûjours par tous les trois ensemble.

17.

La Moderation des personnes heureuses vient du calme que la bonne fortune donne à leur humeur.

18.

La Moderation est vne crainte de tomber dans l'enuie & dans le mépris que meritent ceux qui s'enyurent de leur bon _ heur.

c'eſt vne vaine oſtentation de la force de noſtre eſprit : & enfin la moderation des hommes dans leur plus haute éleuation eſt vn deſir de paroiſtre plus grands que les choſes qui les éleuent.

19.

Nous auons tous aſſez de force pour ſupporter les maux d'autruy.

20.

La Conſtance des Sages n'eſt que l'art de renfermer leur agitation dans leur cœur.

21.

Ceux qu'on condamne au ſupplice affectent quelquefois

vne Conſtance & vn mépris de
la mort qui n'eſt en effet que la
crainte de l'enuiſager. De ſorte
qu'on peut dire que cette conſtance & ce mépris ſont à leur
eſprit ce que le bandeau eſt à
leurs yeux.

22.

La Philoſophie triomphe aiſément des maux paſſez & des
maux auenir. Mais les maux
preſens triomphent d'elle.

23.

Peu de gens connoiſſent la
Mort: On ne la ſouffre pas ordinairement par reſolution ,
mais par ſtupidité & par couſtu-
me ; & la pluſpart des hommes
meurent parce qu'on ne peut

s'empefcher de mourir.

24.

Lors que les grands hommes
fe laiffenr abattre par la longueur
de leurs infortunes ils font voir
qu'ils ne les fouftenoient que
par la force de leur Ambition ,
& non pas par celle de leur ame,
& qu'à vne grande vanité prés,
les Heros font faits comme les
autres hommes,

25.

Il faut de plus grandes vertus
pour fouftenir la bonne fortune
que la mauuaife.

26.

Le Soleil ny la Mort ne fe

peuuent regarder fixement.

27.

On fait fouuent vanité des paffions mefme les plus cri-minelles. Mais l'Enuie eft vne paffion timide & honteufe que l'on n'ofe jamais auoüer.

28.

La Ialoufie eft en quelque ma-niere jufte & raifonnable , puis qu'elle ne tend qu'à conferuer vn bien qui nous appartient , ou que nous croyons nous apparte-nir : au lieu que l'Enuie eft vne fureur qui ne peut fouffrir le bien des autres.

29.

Le mal que nous faifons ne nous attire pas tant de perfe- cution & de haine que nos bon- nes qualitez.

30.

' Nous auons plus de Force que de volonté : & c'eft fouuents pour nous excufer à nous mef- me que nous nous imaginons que les chofes font impoffibles.

31.

Si nous n'auions point de Defauts nous ne prendrions pas tant de plaifir d'en remarquer dans les autres.

32.

La Ialoufie fe nourrit dans les
doutes. C'eſt vne paſſion qui
cherche toûjours de nouueaux
ſujets d'inquietude & de nouueaux tourmens : & elle deuient
fureur ſi-toſt qu'on paſſe du
doute à la certitude.

33.

L'Orgueil ſe dedommage
toûjours, & ne perd rien lors
meſme qu'il renonce à la vanité.

34.

Si nous n'auions point d'Orgueil, nous ne nous plaindrions
pas de celuy des autres.

35.

L'Orgueil est égal dans tous les hommes, & il n'y a de difference qu'aux moyens & à la maniere de le mettre au jour.

36.

Il semble que la nature qui à si sagement disposé les organes de nostre corps pour nous rendre heureux, nous ait aussi donné l'Orgueil pour nous épargner la douleur de connoistre nos imperfections.

37.

L'Orgueil à plus de part que la bonté aux remonstrances que nous faisons à ceux qui commet-

tent des fautes : & nous ne les
reprenons pas tant pour les en
corriger, que pour leur persuader
que nous en sommes exempts.

38.

Nous promettons selon nos Es-
perances : & nous tenons selon
nos Craintes.

39.

L'Interest parle toutes sortes
de langues, & joüe toutes sortes
de personnages, mesme celuy
de desinteressé.

40.

L'Interest qui aveugle les vns,
fait la lumiere des autres.

41.

Ceux qui s'appliquent trop
aux petites choſes deuiennent
ordinairement incapables des
grandes.

42.

Nous n'auons pas aſſez de Force pour ſuiure toute noſtre raiſon.

43.

L'homme croit ſouuent ſe
conduire lors qu'il eſt conduit :
& pendant que par ſon eſprit
il tend à vn but, ſon cœur
l'entraiſne inſenſiblement à vn
autre.

44.

44.

La force & la foiblesse de l'Esprit sont mal nommées : elles ne sont en effet que la bonne ou la mauuaise disposition des organes du corps.

45.

Le caprice de nostre Humeur est encore plus bizarre que celuy de la fortune.

46.

L'attachement ou l'indifference pour la vie qu'auoient les Philosophes n'estoit qu'vn goust de leur Amour propre dont on ne doit non plus disputer que de ceux de la langue ou du choix

B

47.

Noſtre Humeur met le prix à
tout ce qui nous vient de la fortune.

48.

La Felicité eſt dans le gouſt, &
non pas dans les choſes : & c'eſt
par auoir ce qu'on aime qu'on
eſt heureux, & non pas par auoir
ce que les autres trouuent aima-
ble.

49.

Quand on ne trouue pas ſon
repos en ſoy-meſme, il eſt inu-
tile de le chercher ailleurs.

50.

On n'est iamais si heureux ny si mal-heureux que l'on pense.

51.

Ceux qui croyent auoir du merite se font vn honneur d'être mal-heureux, pour persuader aux autres & à eux-mesmes qu'ils sont dignes d'estre en butte à la fortune.

52.

Rien ne doit tant diminuer la satisfaction que nous auons de nous-mesmes, que de voir que nous desapprouuons dans vn temps ce que nous approuuions dans vn autre.

53.

Quelque differnce qu'il y ait entre les fortunes, il y a neanmoins vne certaine compenſation de biens & de maux qui les rend égales.

54.

Quelques grands auantages que la nature donne, ce n'eſt pas elle ſeule, mais la Fortune auec elle qui fait les Heros.

55.

Le mépris des richeſſes eſtoit dans les Philoſophes vn deſir caché de venger leur merite de l'injuſtice de la fortune par le mépris des meſmes biens dont

elle les priuoit : c'eſtoit vn ſe-
cret pour ſe garentir de l'aui-
liſſement de la pauureté : c'é-
toit vn chemin détourné pour
aller à la conſidaration qu'ils ne
pouuoient auoir par les richeſſes.

56.

La haine pour les Fauoris
n'eſt autre choſe que l'amour
de la faueur. Le dépit de ne la
pas poſſeder ſe conſole & s'a-
doucit par le mépris que l'on
témoigne de ceux qui la poſſe-
dent : & nous leur refuſons nos
hommages ne pouuant pas leur
oſter ce qui leur attire ceux de
tout le monde.

57.

Pour s'establir dans le monde on fait tout ce que l'on peut pour y paroistre estably.

58.

Quoy que les hommes se flattent de leurs grandes Actiós, elles ne font pas fouuent les effets d'vn grand deffein , mais des effets du hazard.

59.

Il femble que nos Actions ayent des eftoilles heureuses ou mal-heureuses à qui elles doiuent vne grande partie de la loüange & du blâme qu'on leur donne.

60.

Il n'y a point d'Accidens si mal-heureux dont les habiles gens ne tirent quelque auantage ; ny de si heureux que les imprudens ne puissent tourner à leur prejudice.

61.

La Fortune tourne tout à l'auantage de ceux qu'elle fauorise.

62.

Le bon-heur & le mal-heur des hommes ne dépend pas moins de leur Humeur que de la fortune.

63.

La Sincerité eſt vne ouuerture de cœur. On la trouue en fort peu de gens : & celle que l'on voit dordinaire n'eſt qu'vne fine diſſimulation pour attirer la confiance des autres.

64.

L'auerſion du Menſonge eſt d'ordinaire vne imperceptible ambition de rendre nos témoignages conſiderables, & d'attirer à nos paroles vn reſpect de religion.

65.

La Verité ne fait pas tant de bien dans le monde que ſes apparences

parences y font de mal.

66.

Il n'y a point d'éloges qu'on
ne donne à la Prudence. Cependant quelque grande qu'elle
soit elle ne sçauroit nous assu-
rer du moindre éuénement,
parce qu'elle trauaille sur l'homme qui est le sujet du monde le
plus changeant.

67.

Vn habile homme doit regler
le rang de ses Interests & les
conduire chacun dans son or-
dre. Nostre auidité le trouble
souuent en nous faisant courir
à tant de choses à la fois, que
pour desirer trop les moins importantes on manque les plus

68.

La bonne grace eft au corps
ce que le bon fens eft à l'efprit.

69.

Il eft difficile de definir l'A-
mour. Ce qu'on en peut dire
eft que dans l'ame c'eft vne
paffion de regner. Dans les ef-
prits c'eft vne fimpathie. Et
dans le corps ce n'eft qu'vne
enuie cachée & delicate de pof-
feder ce que l'on aime apres
beaucoup de myfteres.

70.

S'il y a vn Amour pur & exemt

du mélange de nos autres paſſions, c'eſt celuy qui eſt caché
au fond du cœur, & que nous
ignorons nous-meſmes.

Il n'y a point de déguiſe-
ment qui puiſſe long-temps cacher l'Amour où il eſt, ny le
feindre où il n'eſt pas.

72.

Comme on n'eſt iamais en liberté d'aimer ou de ceſſer d'aimer, l'amant ne peut ſe plain-
dre auec juſtice de l'inconſtan-
ce de ſa maiſtreſſe; ny elle de
la legereté de ſon amant.

73.

Si on juge de l'Amour par la
pluſpart de ſes effets, il reſſem-
ble plus à la haine qu'à l'amitié.

74.

On peut trouuer des femmes
qui n'ont iamais eu de Galente-
rie. Mais il eſt rare d'en trouuer qui n'en ayent iamais eu
qu'vne.

75.

Il n'y a que d'vne ſorte d'A-
mour: mais il y en a mille differentes copies.

76.

L'Amour auſſi bien que le feu
ne peut ſubſiſter ſans vn mou-
uement continuel; & il ceſſe de
viure dés qu'il ceſſe d'eſperer
ou de craindre.

77.

Il eſt du veritable Amour
comme de l'apparition des eſprits. Tout le monde en parle,
mais peu de gens en ont vû.

78.

L'Amour preſte ſon nom à vn
nombre infiny de commerces
qu'on luy attribuë, & où il n'a
non plus de part que le Doge
à ce qui ſe fait à Veniſe.

C iij

79.

L'amour de la Iuftice n'eft en la plufpart des homines que la crainte de fouffrir l'injuftice.

80.

Le Silence eft le party le plus feur de celuy qui fe défie de foy-mefme.

81.

Ce qui nous rend fi changeans dans nos Amitiez, c'eft qu'il eft auffi difficile de connoiftre les qualitez de l'ame qu'il eft facile de connoiftre celles de l'efprit.

82.

L'Amitié la plus deſ-intereſſée n'eſt qu'vn commerce où noſtre amour propre ſe propoſe toûjours quelque choſe à gagner.

83.

La Reconciliation auec nos ennemis n'eſt qu'vn deſir de rendre noſtre condition meilleure, vne laſſitude de la guerre, & vne crainte de quelque mauuais éuénement.

84.

Quand nous ſommes las d'aimer nous ſommes bien-aiſes que l'on nous deuienne infidelle pour nous degager de noſtre fidelité. C iiij

85.

Il est plus honteux de se dé-
fier de ses Amis que d'en estre
trompé.

86.

Nous nous persuadons sou-
uent d'aimer les gens plus puis-
sans que nous : & neanmoins
c'est l'interest seul qui produit
nostre Amitié. Nous ne nous
donnons pas à eux pour le bien
que nous leur voulons faire,
mais pour celuy que nous en
voulons receuoir.

87.

Nostre Défiance justifie la
tromperie d'autruy.

88.

Comment pretendons-nous qu'vn autre garde noſtre Secret ſi nous ne pouuons le garder nous-meſmes?

89.

L'Amour propre nous augmente ou nous diminuë les bonnes qualitez de nos amis à proportion de la ſatisfaction que nous auons d'eux : & nous jugeons de leur merite par la maniere dont ils viuent auec nous.

90.

Tout le monde ſe plaint de ſa memoire, & perſonne ne ſe plaint de ſon iugement.

91.

Il n'y en a point qui preſſent
tant les autres que les pareſſeux
lors qu'ils ont ſatisfait à leur
Pareſſe , afin de paroiſtre dili-
gens.

92.

La plus grande Ambition n'en
a pas la moindre apparence lors
qu'elle ſe rencontre dans vne
impoſſibilité abſoluë d'arriuer
où elle aſpire.

93.

Détromper vn homme preo-
cupé de ſon merite , eſt luy
rendre vn auſſi mauuais office
que fut celuy que l'on rendit à

ce fou d'Athenes qui croyoit
que tous les vaisseaux qui arri-
uoient dans le port estoient à
luy.

94.

Les Vieillars aiment à donner de bons preceptes pour se
consoler de n'estre plus en estat
de donner de mauuais exemples.

95.

Les grands noms abaissent
au lieu d'éleuer ceux qui ne les
sçauent pas soûtenir.

96.

La marque d'vn Merite ex-
traordinaire est de voir que

ceux qui l'enuient le plus font
contrains de le loüer.

97.

C'eſt vne preuue de peu d'A-
mitié de ne s'apperceuoir pas
du refroidiſſement de celle de
nos amis.

98.

On s'eſt trompé lors que l'on
a creu que l'eſprit & le jugement eſtoient deux choſes differentes. Le Iugement n'eſt que
la grandeur de la lumiere de
l'eſprit. Sa profondeur penetre
le fond des choſes : ſa juſteſſe
n'en remarque que ce qu'il en
faut remarquer : & ſa delicateſſe apperçoit celles qui ſem-
blent eſtre imperceptibles. De

forte qu'il faut demeurer d'ac-
cord que c'est l'estenduë de la
lumiere de l'esprit qui produit
tous les effets que l'on attribuë
au jugement.

99.

Chacun dit du bien de son
cœur, & personne n'en ose dire de son esprit.

100.

La Politesse de l'esprit consi-
ste à penser des choses honnê-
tes & delicates.

101.

La Galanterie de l'esprit est
de dire des choses flateuses d'v-
ne maniere agreable.

102.

Il arriue ſouuent que des choſes ſe preſentent plus acheuées à noſtre Eſprit qu'il ne les pourroit faire auec beaucoup d'art.

103.

L'Eſprit eſt touſiours la dupe du cœur.

104.

Tous ceux qui connoiſſent leur eſprit ne connoiſſent pas leur cœur.

105.

Les hommes & les affaires ont leur point de perſpectiue.

Il y en a qu'il faut voir de prés
pour en bien juger; & d'autres
dont on ne juge jamais ſi bien
que quand on en eſt éloigné.

106.

Celuy-là n'eſt pas raiſonnable
à qui le hazard fait trouuer la
Raiſon, mais celuy qui la con-
noiſt, qui la diſcerne, & qui la
gouſte.

107.

Pour bien ſçauoir les choſes,
il en faut ſçauoir le detail : &
comme il eſt preſque infiny,
nos connoiſſances ſont toûjours
ſuperficielles & imparfaites.

108.

C'eſt vne eſpece de Coqueterie de faire remarquer qu'on
n'en fait iamais.

109.

L'Eſprit ne ſçauroit joüer
long-temps le perſonnage du
cœur.

110.

La Ieuneſſe change ſes gouſts
par l'ardeur du ſang : & la Vieil-
leſſe conſerue les ſiens par l'ac-
couſtumance.

111.

On ne donne rien ſi libera-
lement

lement que ses Conseils.

112.

Plus on aime vne maistresse, & plus on est prest de la haïr.

113.

Les defauts de l'Esprit augmentent en vieillissant comme ceux du visage.

114.

Il y a de bons mariages; mais il n'y en a point de delicieux.

115.

On ne se peut consoler d'être trompé par ses ennemis, & trahy par ses amis; & l'on est

D

souuent satisfait de l'estre par
soy-mesme.

116.

Il est aussi facile de se tromper soy-mesme sans s'en apperceuoir , qu'il est difficile de
tromper les autres sans qu'ils
s'en apperçoiuent.

117.

Rien n'est moins sincere que
la maniere de demander & de
donner des Conseils. Celuy qui
en demande paroist auoir vne
deference respectueuse pour les
sentimens de son amy , bien
qu'il ne pense qu'à luy faire
approuuer les siens & à le rendre garand de sa conduite. Et
celuy qui conseille paye la con-

fiance qu'on luy témoigne d'vn zele ardent & desinteressé, quoy qu'il ne cherche dans les conseils qu'il donne que son propre interest ou sa gloire.

118.

La plus subtile de toutes les Finesses est de sçauoir bien feindre de tomber dans les pieges que l'on nous tend; & on n'est iamais si aisément trompé que quand on songe à tromper les autres.

119.

L'intention de ne iamais tromper nous expose à estre souuent trompez.

120.

Nous fommes fi accouftumez
à nous déguifer aux autres,
qu'enfin nous nous déguifons à
nous-mefmes.

121.

L'on fait plus fouuent des Tra-
hifons par foibleffe que par vn
deffein formé de trahir.

122.

On fait fouuent du bien pour
pouuoir impunément faire du
mal.

123.

Si nous refiftons à nos Paf-

fions c'eft plus par leur foibleſſe que par noſtre force.

124.

On n'auroit gueres de plaiſir
ſi on ne ſe flattoit iamais.

125.

Les plus habiles affectent toute leur vie de blâmer les Fineſſes pour s'en ſeruir en quelque
grande occaſion & pour quelque grand intereſt.

126.

L'vſage ordinaire de la Fineſ-
ſe eſt la marque d'vn petit eſprit, & il arriue preſque toûjours que celuy qui s'en ſert

pour ſe couurir en vn endroit,
ſe découure en vn autre.

127.

Les Fineſſes & les Trahiſons ne
viennent que de manque d'ha-
bilité.

128.

Le vray moyen d'eſtre trompé c'eſt de ſe croire plus fin que
les autres.

129.

La trop grande Subtilité eſt
vne fauſſe delicateſſe : & la veritable delicateſſe eſt vne ſolide
ſubtilité.

130.

Il suffit quelquefois d'estre grossier pour n'estre pas trompé par vn habile homme.

131.

La Foiblesse est le seul défaut que l'on ne sçauroit corriger.

132.

Le moindre défaut des femmes qui se sont abandonnées à faire l'Amour, c'est de faire l'amour.

133.

Il est plus aisé d'estre Sage

pour les autres que de l'eftre
pour foy-mefme.

134.

Les feules bonnes copies font
celles qui nous font voir le ridicule des excellens originaux.

135.

On n'eft iamais fi ridicule par
les qualitez que l'on a que par
celles que l'on affecte d'auoir.

136.

On eft quelquefois auffi dif-
ferent de foy-mefme que des
autres.

137.

Il y a des gens qui n'auroient
iamais

iamais esté amoureux, s'ils n'a-
uoient jamais entendu parler de
l'Amour.

138.

On parle peu quand la Vanité
ne fait pas parler.

139.

On ayme mieux dire du mal
de soy-mesme que de n'en point
parler.

140.

Vne des choses qui fait que
l'on trouue si peu de gens qui
paroissent raisonnables & agrea-
bles dans la Conuersation, c'est
qu'il n'y a presque personne qui
ne pense plûtost à ce qu'il veut

E

dire qu'à répondre precisément à ce qu'on luy dit, & que les plus habiles & les plus complaiſans ſe contentent de montrer ſeulement vne mine attentiue, au meſme temps que l'on void dans leurs yeux & dans leur eſprit vn égarement pour ce qu'on leur dit, & vne precipitation pour retourner à ce qu'ils veulent dire : au lieu de conſiderer que c'eſt vn mauuais moyen de plaire aux autres ou de les perſuader, que de chercher ſi fort à ſe plaire à ſoy-meſme, & que bien écouter & bien répondre eſt vne des plus grandes perfections qu'on puiſſe auoir dans la conuerſation.

141.

Vn homme d'eſprit ſeroit ſouuent bien embaraſſé ſans la compagnie des ſots.

142.

Nous nous vantons ſouuent de ne nous point ennuyer : & nous ſommes ſi glorieux que nous ne voulons pas nous trouuer de mauuaiſe compagnie.

143.

Comme c'eſt le caractere des grands Eſprits de faire entendre en peu de paroles beaucoup de choſes : les petits eſprits au contraire ont le don de beaucoup parler , & de ne rien dire.

144.

C'eſt pluſtoſt par l'eſtime de
nos propres ſentimens que nous
exagerons les bonnes qualitez
des autres que par l'eſtime de
leur merite : & nous voulons
nous attirer des loüanges lors
qu'il ſemble que nous leur en
donnons.

145.

On n'aime point à loüer ; &
on ne loüe iamais perſonne ſans
intereſt. La Loüange eſt vne
flatterie habile, cachée, & delicate, qui ſatisfait differemment celuy qui l'a donne &
celuy qui la reçoit : L'vn la
prend comme vne recompenſe
de ſon merite : l'autre la don-

ne pour faire remarquer ſon
équité & ſon diſcernement.

146.

Nous choiſiſſons ſouuent des
Loüanges enpoiſonnées qui
font voir par contre-coup en
ceux que nous loüons des defauts que nous n'oſons découurir d'vne autre ſorte.

147.

On ne loüe d'ordinaire que
pour eſtre loüé.

148.

Peu de gens ſont aſſez ſages
pour preferer le blâme qui leur
eſt vtile à la Loüange qui les
trahit.

149.

Il y a des Reproches qui loüent , & des Loüanges qui médisent.

150.

Le refus des Loüanges est vn desir d'estre loüé deux fois.

151.

Le desir de meriter les Loüanges qu'on nous donne fortifie nostre vertu : & celles que l'on donne à l'esprit , à la valeur, & à la beauté , contribuent à les augmenter.

152.

Il est plus difficile de s'empescher d'estre gouverné que de
gouverner les autres.

153.

Si nous ne nous flattions point
nous-mesmes , la Flatterie des
autres ne nous pourroit nuire.

154.

La nature fait le Merite ; &
la Fortune le met en œuure.

155.

Il y a des gens dégoûtans auec
du Merite, & d'autres qui plai-
sent auec des Defauts.

156.

Il y a des gens dont tout le Merite confiste à dire & à faire des fottifes vtilement, & qui gâteroient tout s'ils changeoient de conduite.

157.

La gloire des grands hommes fe doit toûjours mefurer aux moyens dont ils fe font feruis pour l'acquerir.

158.

Les Rois font des hommes comme des pieces de monnoye : ils les font valoir ce qu'ils veulent, & l'on eft forcé de les receuoir felon leur cours, &

non pas selon leur veritable
prix.

159.

Ce n'est pas assez d'auoir de
grandes qualitez , il en faut
auoir l'œconomie.

160.

Quelque éclatante que soit
vne Action elle ne doit pas pas-
ser pour grande lors qu'elle
n'est pas l'effet d'vn grand dessein.

161.

Il doit y auoir vne certaine
proportion entre les Actions &
les Desseins si on en veut tirer
tous les effets qu'elles peuuent
produire.

162.

L'Art de sçauoir bien mettre en œuure de mediocres qualitez dérobe l'estime & donne souuent plus de reputation que de veritable merite.

163.

Il y a vne infinité de Conduites qui paroissent ridicules, & dont les raisons cachées sont tres-sages & tres-solides.

164.

Il est plus facile de paroistre digne des Emplois qu'on n'a pas que de ceux que l'on exerce.

165.

Noftre Merite nous attire l'eftime des honneftes gens, & noftre Etoille celle du public.

166.

Le monde recompence plus fouuent les apparences du Merite que le merite mefme.

167.

L'Auarice eft plus oppofée à l'œconomie que la liberalité,

168.

L'Efperance toute trompeufe qu'elle eft fert au moins à nous mener à la fin de la vie par vn chemin agreable.

169.

Pendant que la Pareſſe & la Timidité nous retiennent dans noſtre deuoir, noſtre vertu en a ſouuent tout l'honneur.

170.

Il eſt difficile de juger ſi vn Procedé net, ſincere, & honneſte eſt vn effet de probité ou d'habileté.

171.

Les vertus ſe perdent dans l'Intereſt comme les fleuues ſe perdent dans la mer.

172.

Nous sommes si préoccupés en
noftre faueur que souuent ce
que nous prenons pour des
vertus n'eft que des vices qui
leur reffemblent , & que l'A-
mour propre nous déguife.

173.

Il y a diuerfes fortes de Cu-
riofité : l'vne d'intereft qui nous
porte à defirer d'apprendre ce
qui nous peut eftre vtile : &
l'autre d'orgueil qui vient du
defir de fçauoir ce que les autres
ignorent.

174.

Il vaut mieux employer noftre

esprit à supporter les Infortunes qui nous arriuent, qu'à préuoir celles qui nous peuuent arriuer.

175.

La constance en Amour est vne inconstance perpetuelle, qui fait que nostre cœur s'attache successiuement à toutes les qualitez de la personne que nous aimons, donnant tantost la préference à l'vne, tantost à l'autre : desorte que cette constance n'est qu'vne inconstance arrêtée & renfermée dans vn mesme sujet.

176.

Il y a deux sortes de constance en Amour : L'vne vient

de ce que l'on trouue sans ces-
se dans la personne que l'on
aime de nouueaux sujets d'aimer : & l'autre vient de ce
qu'on se fait vn honneur d'estre
constant.

177.

La Perseuerance u'est digne
ny de blâme ny de loüange,
parce qu'elle n'est que la durée
des gousts & des sentimens
qu'on ne s'oste & qu'on ne se
donne point.

178.

Ce qui nous fait aimer les
nouuelles connoissances n'est pas
tant la lassitude que nous auons
des vieilles ou le plaisir de changer, que le dégoust de n'estre

pas affez admirez de ceux qui nous connoiffent trop , & l'ef-perance de l'eftre dauantage de ceux qui ne nous connoiffent pas tant.

179.

Nous nous plaignons quelque-fois legerement de nos Amis pour juftifier par auance noftre legereté.

180.

Noftre Repentir n'eft pas tant vn regret du mal que nous auons fait , qu'vne crainte de celuy qui nous en peut arriuer.

181.

Il y a vne Inconftance qui vient

vient de la legereté de l'esprit
ou de sa foiblesse qui luy fait
receuoir toutes les opinions
d'autruy : & il y en a vne autre
qui est plus excusable, qui vient
du dégoust des choses.

182.

Les Vices entrent dans la com-
position des Vertus comme les
poisons entrent dans la compo-
sition des remedes. La Prudence les assemble & les tempere ;
& elle s'en sert vtilement contre
les maux de la vie.

183.

Il y a des Crimes qui deuiennent innocens & mesme glorieux
par leur éclat, leur nombre, &
leur excez. De là vient que les

F

voleries plubliques font deshabilitez ; & que prendre des prouinces injuftement s'appelle faire des conqueftes.

184.

Nous auoüons nos Deffauts pour reparer par noftre fincerité le tort qu'ils nous font dans l'efprit des autres.

185.

Il y a des Heros en mal comme en bien.

186.

On peut haïr & méprifer les Vices fans haïr ny méprifer les vicieux ; mais on ne fçauroit ne point méprifer ceux qui n'ont aucune vertu.

187.

Le nom de la Vertu ſert à l'Intereſt auſſi vtilement que les vices.

188.

La ſanté de l'Ame n'eſt pas plus aſſurée que celle du corps; & quoy que l'on paroiſſe éloigné des paſſions on n'eſt pas moins en danger de s'y laiſſer emporter que de tomber malade quand on ſe porte bien.

189.

Il ſemble que la nature ait preſcrit à chaque homme dés ſa naiſſance des bornes pour les vertus & pour les vices.

190.

Il n'appartient qu'aux grands hommes d'auoir de grands Defauts.

191.

On peut dire que les Vices nous attendent dans le cours de la vie comme des hoftes chez qui il faut succeffiuement loger : & ie doute que l'experience nous les fift éuiter s'il nous eftoit permis de faire deux fois le mefme chemin.

192.

Quand les Vices nous quittent, nous nous flattons de la creance que c'est nous qui les quittons.

193.

Il y a des recheutes dans les maladies de l'Ame comme dans celles du corps. Ce que nous prenons pour noftre guerifon n'eft le plus fouuent qu'vn relâche ou vn changement de mal.

194.

Les Deffauts de l'ame font comme les bleffures du corps : quelque foin qu'on prenne de les guerir, la cicatrice paroift toûjours, & elles font à tout moment en danger de fe rouurir.

195.

Ce qui nous empefche fouuent de nous abandonner à vn feul vice, eſt que nous en auons pluſieurs.

196.

Nous oublions aiſément nos crimes lors qu'ils ne ſont ſçeus que de nous.

197.

Il y a des gens de qui l'on peut ne iamais croire du mal ſans l'a-uoir veu. Mais il n'y en a point en qui il nous doiue ſurprendre en le voyant.

198.

Nous éleuons la gloire des vns pour abbaiſſer celle des autres: Et quelquesfois on loüeroit moins Monſieur le Prince &

Monfieur de Turenne fi on
ne les vouloit point blâmer tous
deux.

199.

Le defir de paroiftre habile
empefche fouuent de le deue-
nir.

200.

La vertu n'iroit pas loin fi
la Vanité ne luy tenoit compagnie.

201.

Celuy qui croit pouuoir trouuer en foy-mefme de quoy fe
paffer de tout le monde fe
trompe fort. Mais celuy qui
croit qu'on ne peut fe paffer de

luy ſe trompe encore dauantage.

202.

Les faux honneſtes gens ſont
ceux qui déguiſent leurs defauts
aux autres & à eux-meſmes.
Les vrais honneſtes gens ſont
ceux qui les connoiſſent parfai-
tement & les confeſſent.

203.

Le vray honneſte homme
eſt celuy qui ne ſe pique de
rien.

204.

La Seuerité des femmes eſt vn
ajuſtement & vn fard qu'elles
ajoûtent à leur beauté.

205.

205.

L'honnesteté des femmes est
souuent l'amour de leur reputation & de leur repos.

206.

C'est estre veritablement hon-
neste homme que de vouloir
estre toûjours exposé à la veuë
des honnestes gens.

207.

La folie nous suit dans tous
les temps de la vie. Si quel-
qu'vn paroist sage, c'est seulement parce que ses folies sont
proportionnées à son âge & à
sa fortune.

G

208.

Il y a des gens niais qui se connoissent, & qui employent habilement leur niaiserie.

209.

Qui vit sans folie n'est pas si sage qu'il croit.

210.

En vieillissant on deuient plus fou, & plus sage.

211.

Il y a des gens qui ressemblent aux Vaudeuilles que tout le monde chante vn certain temps, quelques fades & dégoûtans qu'ils soient.

212.

La plufpart des gens ne ju-
gent des hommes que par la
vogue qu'ils ont , ou par leur
fortune.

213.

L'Amour de la gloire : la
crainte de la honte : le deffein
de faire fortune : le defir de
rendre noftre vie commode &
agreable ; & l'enuie d'abaiffer
les autres, font fouuent les cau-
fes de cette valeur fi celebre
parmy les hommes.

214.

La valeur eft dans les fimple
foldats vn métier perilleu x qu'il

G ij

ont pris pour gagner leur vie.

215.

La parfaite valeur & la poltronnerie complette font deux extremitez où l'on arriue rarement. L'efpace qui eft entre deux eft vafte, & contient toutes les autres efpeces de courage : il n'y a pas moins de difference entr'elles qu'entre les vifages & les humeurs. Il y a des hommes qui s'expofent volontiers au commencement d'vne action , & qui fe relafchent & fe rebutent aifément par fa durée. Il y en a qui font contens quand ils ont fatisfait à l'honneur du monde, & qui font fort peu de chofe au delà. On en voit qui ne font pas toûjours également maîtres de leur peur. D'autres fe laiffent quelquefois entraifner à des terreurs generales. D'autres vont à la charge parce qu'ils n'ofent demeurer dans leurs poftes. Il s'en trouue à qui l'habitude des moindres perils affermit le courage & les prepare à s'expofer à de plus grands. Il y en a qui font braues à coups d'épée, & qui craignent les coups de moufquet : d'autres font affeurez aux coups de moufquet, & apprehendent de fe battre à coups d'épée. Tous ces courages de differentes efpeces conuiennent en ce que la nuit augmentant la crainte & cachant les bonnes & les mauuaifes actions, elle donne la liberté de fe ménager. Il y a encore vn autre ménagement plus general : car on ne void point

d'homme qui faſſe tout ce qu'il
ſeroit capable de faire dans vne
occaſion s'il eſtoit aſſuré d'en
reuenir. Deſorte qu'il eſt viſi-
ble que la crainte de la mort
oſte quelque choſe de la valeur.

216.

La parfaite valeur eſt de faire
ſans témoins ce qu'on ſeroit
capable de faire deuant tout le
monde.

217.

L'intrepidité eſt vne force ex-
traordinaire de l'ame qui l'éle-
ue au deſſus des troubles ; des
deſordes, & des émotions que
la veuë des grands perils pourroit exciter en elle : Et c'eſt

par cette force que les Heros se
maintiennent en vn estat paisi-
ble & conseruent l'vsage li-
bre de leur raison dans les accidens les plus surprenans & les
plus terribles.

218.

L'hypocrisie est vn hommage
que le vice rend à la vertu.

219.

La pluspart des hommes s'exposent assez dans la guerre pour
sauuer leur honneur : Mais peu
se veulent toûjours exposer au-
tant qu'il est necessaire pour
faire reüssir le dessein pour le-
quel ils s'exposent.

220.

La vanité , la honte , & fur tout le temperament. , font en plufieurs la valeur des hommes, & la vertu des femmes.

221.

On ne veut point perdre la vie , & on veut acquerir de la gloire : ce qui fait que les braues ont plus d'adreffe & d'efprit pour éuiter la mort , que les gens de chicane n'en ont pour conferuer leur bien.

222.

Il n'y a gueres de perfonnes qui dans le premier penchant de l'âge ne faffent connoiftre

par où leur corps & leur esprit
doiuent defaillir.

223.

Il est de la Reconnoissance
comme de la bonne foy des
marchands : elle entretient le
commerce : & nous ne payons
pas parce qu'il est juste de nous
acquiter ; mais pour trouuer
plus facilement des gens qui
nous prestent.

224.

Tous ceux qui s'acquitent
des deuoirs de la Reconnoisance ne peuuent pas pour cela se flatter d'estre reconnoisans.

225.

Ce qui fait le mécompte dans la Reconnoiſſance qu'on attend des graces que l'on a faites, c'eſt que l'orgueil de celuy qui donne, & l'orgueil de celuy qui reçoit ne peuuent conuenir du prix du bien fait.

226.

Le trop grand empreſſement qu'on a de s'acquitter d'vne obligation eſt vne eſpece d'Ingratitude.

227.

On donne plus aiſément des bornes à ſa Reconnoiſſance qu'à ſes eſperances & qu'à ſes deſirs.

228.

L'Orgueil ne veut pas deuoir : & l'Amour propre ne veut pas payer.

229.

Le bien que nous auons receu veut que nous respections le mal qu'on nous fait.

230.

Rien n'est si contagieux que l'Exemple, & nous ne faisons jamais de grands biens ny de grands maux qui n'en produisent de semblables. Nous imitons les bonnes actions par émulation, & les mauuaises par la malignité de nostre nature

que la honte retenoit prifon-
niere, & que l'exemple met en
liberté.

231.

C'eft vne grande folie de
vouloir eftre fage tout feul.

232.

Quelque pretexte que nous
donnions à nos Afflictions, ce
n'eft fouuent que l'intereft &
la vanité qui les caufent.

233.

Il y a dans les Afflictions diuerfes fortes d'hypocrifie. Dans
l'vne, fous pretexte de pleurer
la perte d'vne perfonne qui
nous eft chere, nous nous pleu-

rons nous-mefmes ; nous pleu-
rons la diminution de noftre
bien , de noftre plaifir , de
noftre confideration. Ainfi les
morts ont l'honneur des larmes
qui ne coulent que pour les
viuans. Ie dis que c'eft vne efpece d'hypocrifie à caufe que
dans ces fortes d'afflictions on
fe trompe fouuent foy-mefme.
Il y a vne autre hypocrifie qui
n'eft pas fi innocente , parce
qu'elle impofe à tout le monde : C'eft l'affliction de cer-
taines perfonnes qui afpirent à
la gloire d'vne belle & immor-
telle douleur. Apres que le temps
qui confume tout a fait ceffer
celle qu'elles auoient en effet,
elles ne laiffent pas d'opiniaftrer
leurs pleurs , leurs plaintes , &
leurs foûpirs ; elles prennent vn
perfonnage lugubre, & trauail-

lent à perfuader par toutes leurs actions que leur déplaifir ne finira qu'auec leur vie. Cette trifte & fatigante vanité fe trouue d'ordinaire dans les femmes ambitieufes. Comme leur fexe leur ferme tous les chemins qui meinent à la gloire, elles s'efforcent de fe rendre celebres par la monftre d'vne inconfolable affliction. Il y a encore vne autre efpece de larmes qui n'ont que de petites fources qui coulent & fe tariffent facilement: on pleure pour auoir la reputation d'eftre tendre : on pleure pour eftre plaint : on pleure pour eftre pleuré ; & enfin on pleure pour éuiter la honte de ne pleurer pas.

234.

Nous ne regretons pas toûjours la perte de nos amis par
la confideration de leur merite;
mais par celle de nos befoins
& de la bonne opinion qu'ils
auoient de nous.

235.

Nous nous confolons aifément
des difgraces de nos amis lors
qu'elles feruent à fignaler nô-
tre tendreffe pour eux.

236.

Il femble que l'Amour propre
foit la dupe de la bonté, & qu'il
s'oublie luy-mefme lors que nous
trauaillons pour l'auantage des

autres. Cependant c'eſt prendre le chemin le plus aſſuré pour
arriuer à ſes fins : c'eſt préter à
vſure ſous pretexte de donner :
c'eſt enfin s'aquerir tout le monde par vn moyen ſubtil & de-
licat.

237.

Nul ne merite d'eſtre loüé de
bonté s'il n'a pas la force d'eſtre
méchant : toute autre bonté
n'eſt le plus ſouuent qu'vne
pareſſe ou vne impuiſſance de
la volonté.

238.

Il n'eſt pas ſi dangereux de
faire du mal à la pluſpart des
hommes que de leur faire trop
de bien.

239.

239.

Rien ne flatte plus noftre orgueil que la confiance des Grands, parce que nous la regardons comme vn effet de noftre merite, fans confiderer qu'elle ne vient le plus fouuent que de vanité, ou d'impuiffance de garder le fecret. Ainfi l'on peut dire que la confiance eft quelquefois comme vn relafchement de l'ame qui cherche à fe foulager du poids dont elle eft preffée.

140.

On peut dire de l'agréement feparé de la beauté, que c'eft vne fymetrie dont on ne fçait point les regles, & vn raport

H

secret des traits enfemble , &
des traits auec les couleurs &
auec l'air de la perfonne.

241.

La coqueterie eft le fond &
l'humeur de la plufpart des femmes. Mais toutes ne la mettent
pas en pratique , parce que la
coquetterie de quelques-vnes eft
retenuë par leur temperament
& par leur raifon.

242.

On incommode fouuent les
autres quand on croit ne les pouuoir jamais incommoder.

243.

Il y a peu de chofes impoffi-

bles d'elles-mefmes ; & l'application pour les faire reüffir nous
manque plus que les moyens.

244.

La fouueraine Habileté con-
fifte à bien connoiftre le prix
des chofes.

245.

C'eft vne grande Habileté
que de fçauoir cacher fon habileté.

246.

Ce qui paroift Generofité
n'eft fouuent qu'vne ambition
déguifée qui méprife de petits
interefts pour aller à de plus
grands.

247.

La Fidelité qui paroiſt en la plufpart des hommes n'eſt qu'vne inuention de l'amour propre pour attirer la confiance. C'eſt vn moyen de nous éleuer au deſſus des autres , & de nous rendre depoſitaires des choſes les plus importantes.

248.

La Magnanimité meſpriſe tout pour auoir tout.

249.

Il n'y a pas moins d'Eloquence dans le ton de la voix que dans le choix des paroles.

250.

La veritable Eloquence con-
fifte à dire tout ce qu'il faut, & à
ne dire que ce qu'il faut.

251.

Il y a des perfonnes à qui les
Defauts fiéent bien, & d'autres
qui font difgraciées auec leurs
bonnes qualitez.

252.

Il eft auffi ordinaire de voir
changer les Goufts qu'il eft ex-
traordinaire de voir changer les
inclinations.

253.

L'Intereſt met en œuure toutes ſortes de vertus & de vices.

254.

L'Humilité n'eſt ſouuent
qu'vne feinte ſoumiſſion dont
on ſe ſert pour ſoumettre les
autres : c'eſt vn artifice de l'orgueil qui s'abaiſſe pour s'éleuer:
& bien qu'il ſe transforme en
mille manieres , il n'eſt jamais
mieux déguiſé & plus capable
de tromper que lors qu'il ſe
cache ſous la figure de l'humilité.

255.

Tous les fentimens ont chacun vn ton de voix, des geftes & des mines qui leur font propres : Et ce rapport bon ou mauuais, agreable ou défagreable, eft ce qui fait que les perfonnes plaifent ou déplaifent.

256.

Dans toutes les profeffions chacun affecte vne mine & vn exterieur pour paroiftre ce qu'il veut qu'on le croye. Ainfi on peut dire que le monde n'eft compofé que de Mines.

257.

La Grauité eft vn myftere du

corps inuentée pour cacher les
defauts de l'efprit..

258.

Il y a vne Eloquence dans
les yeux & dans l'air de la perfonne qui ne perfuade pas moins
que celle de la parole.

259.

Le plaifir de l'Amour eft d'aimer : & l'on eft plus heureux par
la paffion que l'on a que par celle
que l'on donne.

260.

La Ciuilité eft vn defir d'en
receuoir, & d'eftre eftimé po-
ly.

261.

L'Education que l'on donne
d'ordinaire aux jeunes gens eſt
vn ſecond amour propre qu'on
leur inſpire.

262.

Il n'y a point de paſſion où
l'amour de ſoy-meſme regne ſi
puiſſamment que dans l'Amour;
& on eſt toûjours plus diſpoſé
à ſacrifier le repos de ce qu'on
aime, qu'à perdre la moindre
partie du ſien.

263.

Ce qu'on nomme Liberalité
n'eſt le plus ſouuent que la vanité de donner, que nous ai-

I

mons mieux que ce que nous
donnons.

264.

La Pieté eſt ſouuent vn ſen-
timent de nos propres maux
dans les maux d'autruy. C'eſt
vne habile preuoyance des mal-
heurs où nous pouuons tomber : nous donnons du ſecours
aux autres pour les engager à
nous en donner en de ſembla-
bles occaſions ; & ces ſeruices
que nous leur rendons ſont à
proprement parler des biens
que nous nous faiſons à nous-
meſmes par auance.

265.

La petiteſſe de l'eſprit fait l'O-
piniaſtreté : & nous ne croyons

pas aisément ce qui est au delà de ce que nous voyons.

266.

C'est se tromper que de croire qu'il n'y ait que les violen-
tes passions, comme l'ambition
& l'amour, qui puissent triom-
pher des autres. La Paresse
toute languissante qu'elle est
ne laisse pas d'en estre souuent
la maistresse : elle vsurpe sur
tous les desseins & sur toutes
les actions de la vie : elle y dé-
truit & y consume insensible-
ment les passions & les vertus.

267.

La Promtitude à croire le
mal sans l'auoir assez examiné
est vn effet de la paresse & de

l'orgueil. On veut trouuer des coupables; & on ne veut pas se donner la peine d'examiner les crimes.

268.

Nous recusons des Iuges pour les plus petits interests, & nous voulons bien que nostre reputation & nostre gloire dépendent du jugement des hommes qui nous sont tous contraires, ou par leur jalousie, ou par leur préoccupation, ou par leur peu de lumiere : & ce n'est que pour les faire prononcer en nostre faueur que nous exposons en tant de manieres nostre repos & nostre vie.

269.

Il n'y a gueres d'homme as-

fez habile pour connoiſtre tout
le mal qu'il fait.

270.

L'Honneur aquis eſt caution
de celuy qu'on doit acquerir.

271.

La jeuneſſe eſt vne yvreſſe
continuelle : c'eſt la fiévre de la
vie : c'eſt la folie de la raiſon.

272.

On ayme à deuiner les au-
tres ; mais l'on n'ayme pas à
eſtre deuiné.

273.

Il y a des gens qu'on approu-

ue dans le monde, qui n'ont
pour tout merite que les vices
qui feruent au commerce de la
vie.

274.

C'eft vne ennuyeufe maladie
que de conferuer fa fanté par
vn trop grand regime.

275.

Le bon naturel qui fe vante
d'eftre fi fenfible eft fouuent
étouffé par le moindre intereft.

276.

L'Abfence diminuë les me-
diocres Paffions, & augmente
les grandes, comme le vent

éteint les bougies & allume le feu.

277.

Lés Femmes croyent souuent aymer encore qu'elles n'ayment pas. L'occupation d'vne intrigue ; l'émotion d'esprit que donne la galanterie ; la pente naturelle au plaisir d'estre aymées, & la peine de refuser leur persuade qu'elles ont de la passion lors qu'elles n'ont que de la coquetterie.

278.

Ce qui fait que l'on est souuent mécontent de ceux qui negocient, est qu'ils abandonnent presque toûjours l'interest de leurs amis pour l'interest du ſuccez de la negociation qui deuient le leur par l'honneur d'auoir reuſſy à ce qu'ils auoient entrepris.

279.

Quand nous exagerons la tendreſſe que nos amis ont pour nous, c'eſt ſouuent moins par reconnoiſſance que par le deſir de faire juger de noſtre merite.

280.

L'approbation que l'on donne à ceux qui entrent dans le monde vient ſouuent de l'enuie ſecrete que l'on porte à ceux qui y ſont établis.

281.

L'Orgueil qui nous inspire tant d'enuie nous sert souuent aussi à la moderer.

282.

Il y a des Fausserez déguisées qui representent si bien la verité, que ce seroit mal juger que de ne s'y pas laisser tromper.

283.

Il n'y a pas quelquefois moins d'Habileté, à sçauoir profiter d'vn bon conseil, qu'à se bien conseiller soy-mesme.

284.

Il y a des Méchans qui seroient moins dangereux s'ils n'auoient aucune bonté.

285.

La Magnanimité est assez definie par son nom : neanmoins on pourroit dire que c'est le bon sens de l'orgueil, & la voye la plus noble pour receuoir des loüanges.

286.

Il est impossible d'aymer vne feconde fois ce qu'on a veritablement cessé d'aymer.

287.

Ce n'eſt pas tant la fertilité de l'Eſprit qui nous fait trouuer pluſieurs expediens ſur vne meſme affaire, que c'eſt le deffaut de lumiere qui nous fait arrêter à tout ce qui ſe preſente à noſtre imagination, & qui nous empeſche de diſcerner d'abord ce qui eſt le meilleur.

288.

Il y a des affaires & des maladies que les remedes aigriſſent en certains temps : & la grande habileté conſiſte à connoiſtre quand il eſt dangereux d'en vſer.

289.

La Simplicité affectée est vne
imposture delicate.

290.

Il y a plus de deffauts dans
l'Humeur que dans l'esprit.

291.

Le Merite des hommes a sa
saison aussi bien que les fruits.

292.

On peut dire de l'Humeur
des hommes comme de la pluspart des bastimens, qu'elle a diuerses faces ; les vnes agrea-
bles, & les autres desagreables.

293.

La Moderation ne peut auoir le merite de combattre l'ambition & de la foûmettre : elles ne fe trouuent jamais enfemble. La moderation eft la langueur & la pareffe de l'ame, comme l'ambition en eft l'activité & l'ardeur.

294.

Nous aymons toûjours ceux qui nous admirent : & nous n'aymons pas toûjours ceux que nous admirons.

295.

Il s'en faut bien que nous ne connoiffions toutes nos volontez.

296.

Il est difficile d'aymer ceux que nous n'estimons point : mais il ne l'est pas moins d'aymer ceux que nous estimons beaucoup plus que nous.

297.

Les Humeurs du corps ont vn cours ordinaire & réglé qui meut & qui tourne imperceptiblement nostre volonté : elles roulent ensemble & exercent successivement vn empire secret en nous : de sorte qu'elles ont vne part considerable à toutes nos actions sans que nous le puissions connoistre.

298.

La Reconnoissance de la pluspart des hommes n'est qu'vne
secrete enuie de receuoir de
plus grands bien-faits.

299.

Presque tout le monde prend
plaisir à s'acquitter des petites
obligations : beaucoup de gens
ont de la reconnoissance pour
les mediocres : mais il n'y a qua-
si personne qui n'ait de l'ingratitude pour les grandes.

300.

Il y a des folies qui se prennent comme les maladies con-
tagieuses.

301.

Aſſez de gens mépriſent le bien ; mais peu ſçauent le donner.

302.

Aprés auoir parlé de la fauſſeté de tant de vertus apparentes , il eſt raiſonnable de dire quelque choſe de la fauſſeté du mépris de la mort. J'entens parler de ce mépris de la mort que les Payens ſe vantent de tirer de leurs propres forces ſans l'eſperance d'vne meilleure vie. Il y a difference entre ſouffrir la mort conſtamment, & la mépriſer. Le premier eſt aſſez ordinaire ; mais je croy que l'autre n'eſt jamais ſincere. On a écrit

écrit neantmoins tout ce qui
peut le plus perſuader que la
mort n'eſt point vn mal : & les
hommes les plus foibles auſſi
bien que les Heros, ont donné
mille exemples celebres pour
établir cette opinion. Cependant je doute que perſonne de
bon ſens l'ait jamais creu : & la
peine que l'on prend pour le
perſuader aux autres & à ſoy-
meſme, fait aſſez voir que cette entrepriſe n'eſt pas aiſée. On
peut auoir diuers ſujets de dé-
gouts dans la vie ; mais on n'a
jamais raiſon de mépriſer la
mort : ceux meſmes qui ſe la
donnent volontairement ne la
content pas pour ſi peu de choſe , & ils s'en étonnent & la
rejettent comme les autres lors
qu'elle vient à eux par vne autre voye que celle qu'ils ont

K

choific. L'inégalité que l'on remarque dans le courage d'vn nombre infiny de vaillans hommes vient de ce que la mort se découure differemment à leur imagination & y paroift plus prefente en vn temps qu'en vn autre. Ainfi il arriue qu'apres auoir méprifé ce qu'ils ne connoiffoient pas, ils craignent enfin ce qu'ils connoiffent. Il faut éuiter de l'enuifager auec toutes fes circonftances fi on ne veut pas croire qu'elle foit le plus grand de tous les maux. Les plus habiles & les plus braues font ceux qui prennent de plus hônftes pretextes pour s'empefcher de la confiderer. Mais tout homme qui l'a fçait voir telle qu'elle eft, trouue que c'eft vne chofe épouuantable. La neceffité de mourir faifoit toute

la constance des Philosophes.
Ils croyoient qu'il falloit aller de
bonne grace où l'on ne sçauroit
s'empescher d'aller ; & ne pouuant eternifer leur vie il n'y
auoit rien qu'ils ne fiffent pour
eternifer leur reputation & fau-
uer du naufrage ce qui en peut
eftre garenty. Contentons-nous
pour faire bonne mine de ne
nous pas dire à nous-mefmes
tout ce que nous en penfons, &
efperons plus de noftre temperament que de ces foibles rai-
fonnemens qui nous font croire
que nous pouuons aprocher de
la mort auec indifference. La
gloire de mourir auec fermeté,
l'efperance d'eftre regreté , le
defir de laiffer vne belle reputation, l'affurance d'eftre affran-
chy des miferes de la vie, & de
ne dépendre plus des caprices

de la fortune , font des remedes qu'on ne doit pas rejetter.
Mais on ne doit pas croire auffi
qu'ils foient infaillibles. Ils font
pour nous affurer ce qu'vne fimple haye fait fouuent à la guerre pour affurer ceux qui doiuent approcher d'vn lieu d'où
l'on tire. Quand on en eft éloigné on s'imagine qu'elle peut
mettre à couuert : mais quand
on en eft proche on trouue que
c'eft vn foible fecours. C'eft
nous flater de croire que la mort
nous paroiffe de prés ce que
nous en auons jugé de loin, &
que nos fentimens qui ne font
que foibleffes foient d'vne trem-
pe affez forte pour ne point fouffrir d'atteinte par la plus rude de
toutes les épreuues. C'eft auffi
mal connoiftre les effets de l'a-
mour propre que de penfer

qu'il puiſſe nous aider à compter pour rien ce qui le doit ne-
ceſſairement détruire, & la raiſon dans laquelle on croit trouuer tant de reſſources eſt trop
foible en cette rencontre pour
nous perſuader ce que nous voulons. C'eſt elle au contraire qui
nous trahit le plus ſouuent, &
qui au lieu de nous inſpirer le
mépris de la mort ſert à nous
découurir ce qu'elle a d'affreux
& de terrible. Tout ce qu'elle
peut faire pour nous eſt de
nous conſeiller d'en détourner
les yeux pour les arreſter ſur
d'autres objets. Caton & Bru-
tus en choiſirent d'illuſtres. Vn
Laquais ſe contenta il y a quelque temps de danſer ſur l'échaf-
faut où il alloit eſtre roüé. Ain-
ſi bien que les motifs ſoient dif-
ferens ils produiſent ſouuent

les mesmes effets. De forte
qu'il est vray que quelque dif-
proportion qu'il y ait entre les
grands hommes & les gens du
commun , on a veu mille fois
les vns & les autres receuoir la
mort d'vn mesme visage : mais
ça toûjours esté auec cette difference, que dans le mépris que
les grands hommes font paroî-
tre pour la mort, c'est l'amour
de la gloire qui leur en oste la
veuë ; & dans les gens du commun ce n'est qu'vn effet de leur
peu de lumiere qui les empes-
che de connoistre la grandeur
de leur mal , & leur laisse la liberté de penser à autre chose.

FIN.

TABLE DES MATIERES
de ces Reflexions Morales.

TABLE.

Employs,

TABLE.

L

TABLE.

TABLE.

Fin de la Table.

www.ingramcontent.com/pod-product-compliance
Lightning Source LLC
Chambersburg PA
CBHW060205100426
42744CB00007B/1173